You're a

LOVELY

FRIEND

because...

EBURY
PRESS

Being **Friends** with *you* is the

BIGGEST

stroke of *luck*

I've **ever** had in my **Life**

You TELL me when
I try too HARD

but more **importantly** when
I don't try HARD ENOUGH

total silence between friends

We can **HAVE**
an **ENTIRE** CONVERSATION

without *saying*

a WORD

(Isn't that weirdly wonderful?!)

5

YOU'RE my very own STAR and when MY world is *dark* all I *need* to do is look up and YOU are there TWINKLING in my SKY

7

You're **ONE** of the **Few** people who **know** when it's **Best** just to **LISTEN**

When it feels like my
WORLD
has **fallen** to **BITS**

you're *always* the
first to **come around**
with a **Big Pot**
of **GLUE!**

My world
all fixed.
Thank you.

11

I've made up
a **WORD**
that describes
YOU

12

FANTABULOUS

← Fantabulous friend – don't it just roll off the tongue?!

13

If you were a **SHAPE**
you'd be a

star →

twinkle
twinkle

14

That's you that is...
a great big fabulous star!

15

You **STICK UP** for **me**

when **no one** else **notices**

I **NEED** sticking up for

which makes **YOU**

very **special** indeed

17

19

When I'm feeling **down** all I have to do is **HEAR** your **NAME** and it *makes* me **grin** like a **MONKEY** in a **BANANA** tree

me with frown turned upside down

21

22

When **we** start to GIGGLE

the WHOLE *world*

MELTS into SILLINESS

You can **demolish** CHOCOLATE bars just as **QUICKLY** as **me!**

If my **LiFe** were a movie **you'd** take the part of 'Best SUPPORTING Actress' (and **win** an **OSCAR**

'cos you've been **brilliant!**)

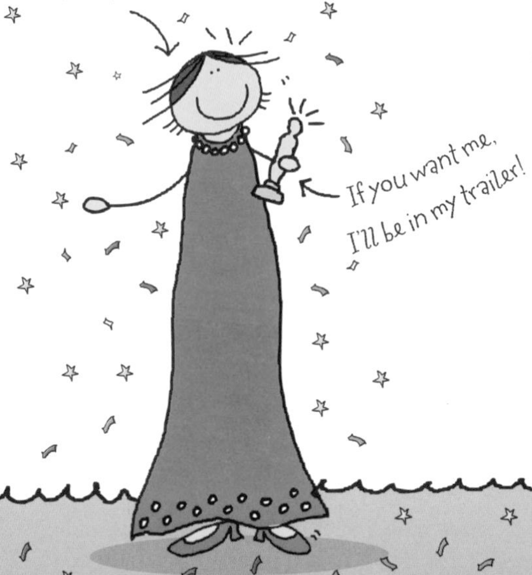

If **you** were a

DINOSAUR

you'd be a

BestFriendAsAurus

no one could
ever fill your
footsteps →

When **you** leave a PARTY

there's a
big hole where the
FUN used to BE

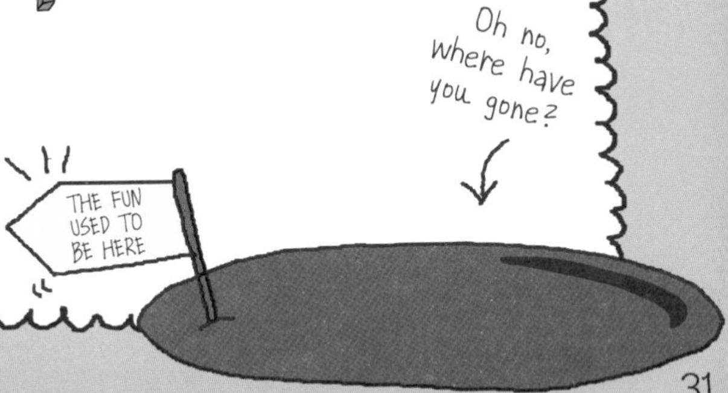

Oompah Loompah likes this

34

A night in with **YOU** is as **GOOD** as a night out **anywhere**

You're soooo an angel!

36

You're like an
ANGEL
'cos YOU don't have
to be there for me to
feel that you're right there
BESIDE me
MAKING sure I'm O.K.

blah
blah

You're **NEVER**
too **busy**
to **Listen** to me
rant about

ANYTHING!

red hot phone

natter
natter

blah
blah

39

You've **ALWAYS**
got a **HUG**
at the **ready**

smirking at someth: secret

42

If I **WERE** the
MONA LISA
you'd so **KNOW**
what I was
smirking at
(oh yes indeed)

If I ever got
into a JAM

I know **you'd**
fish me out
with a **long** SPOON

You're not **just** there
for the CHAMPAGNE

MOMENTS in life

(you're there when
I need to cry too!)

You're **MAGIC** to be with **BECAUSE** no one makes **CHOCS** and **TROUBLES** **DISAPPEAR** quite like **you**

Where've my chocs gone?

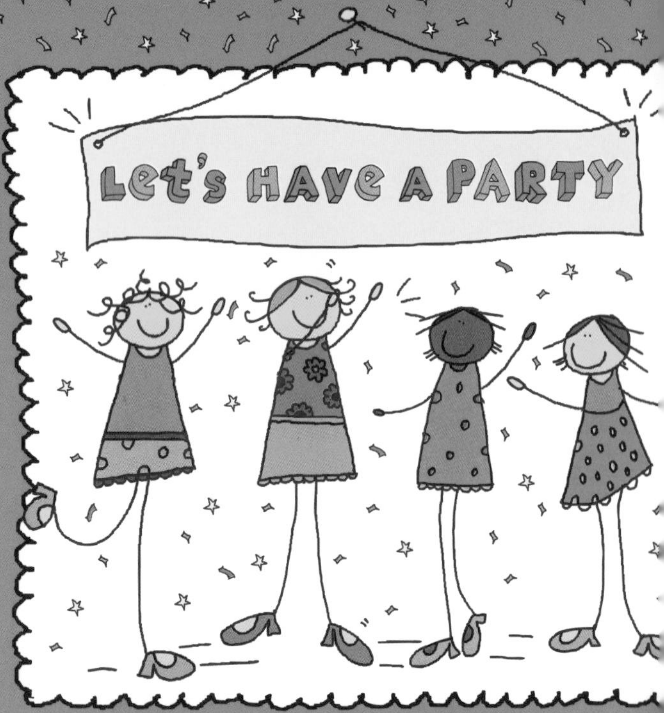
LET'S HAVE A PARTY

If **YOU** formed YOUR own political party

it would be

THE 'LET'S HAVE A great BIG PARTY'

(and everyone would vote for you!)

But **most** of all you're a **LOVELY FRIEND** because when I'm with **you** I **DON'T** have to **pretend** to be **anyone ELSE**

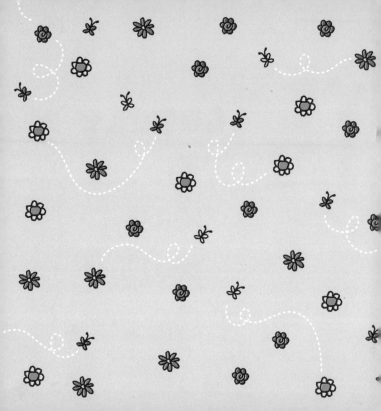